Laureana Alycja

LES REMPARTS
DU DEDANS

© 2025 Laureana Alycja
Édition : BoD · Books on Demand, 31 avenue Saint-Rémy, 57600 Forbach, bod@bod.fr
Impression : Libri Plureos GmbH, Friedensallee 273, 22763 Hamburg (Allemagne)
ISBN : 978-2-3225-5389-1
Dépôt légal : Février 2025

Le Palais des Papes par l'auteure.

Préambule

A toi qui t'apprêtes à découvrir ce livre, voici quelques lignes pour te parler du contexte dans lequel ces mots sont nés.

Ces textes sont issus de mes carnets, ceux que j'emmène toujours avec moi dans une poche de mon manteau ou de mon sac à dos. Ils n'avaient pas vocation à devenir un livre. Ils sont issus de ce que l'on appelle un journal intime, ou plutôt un dialogue avec moi-même, au présent puis au futur, quand j'ouvre ces pages plusieurs mois, plusieurs années plus tard.

Ces mots ont jailli d'instants présents, authentiques, sans filtre. Ils témoignent des captures de souvenirs ainsi que des réflexions, des pensées sur ma vie.

Je te les partage aujourd'hui car cette relation que j'ai vécue a représenté un point de bascule, une initiation dans ma vie de femme et d'amoureuse mais surtout dans mon évolution personnelle et relationnelle.

J'ai décidé d'offrir ces textes au monde car peut-être que toi aussi, tu es ou as été sur un chemin similaire au mien. Je préfère ne pas t'en dire plus et te laisser découvrir les empreintes que ces moments ont laissé en moi. Je développerai sur le cheminement dans lequel cette relation s'est inscrite, à la suite de cet interlude poétique.

Je t'expliquerai pourquoi ce titre « Les remparts du dedans ».

Je te souhaite un beau voyage dans mes souvenirs.

Laureana.

A toutes les personnes qui se cherchent dans leurs relations et finissent par se rencontrer vraiment.

Emporte-moi dans tes limbes

Où le soleil coule en abondance dans ma bouche

N'oublie pas

L'histoire qui nous unit

Je ne sais plus

Toi non plus

T'écrire à nouveau me met dans un état d'excitation tel que j'ai du mal à maintenir ma concentration. Depuis vendredi dernier, quand nous nous sommes croisés par hasard dans Avignon, un désir nouveau est né en moi. Celui de te revoir.

Difficile de franchir ce mur, ces remparts érigés entre nous, comme de toute éternité. Faire ce pas vers toi était impossible il y a tout juste une semaine. Pourtant, nous voici ici aujourd'hui, à nous promettre un moment ensemble le mois prochain.

Je cherche des choses si animales, primaires, indicibles avec toi. Impossible de t'exprimer, de te verbaliser ce qui m'attire à toi. Je sais juste que je vais vers cet aimant. Cet amant ? Cet amour ?

Réapprivoisons-nous. Vraiment, cette fois. Cherchons-nous, trouvons-nous.

J'ai envie de

te laisser venir.

Sous les caresses hivernales du soleil, je rentre dans mon Sud.

Mon petit paradis avignonnais.

Quel bonheur à l'idée de te retrouver...

Je suis bien dans ma vie.

Je suis là où j'ai à être.

Je me sens alignée, bien que constamment animée par un désir d'ailleurs.

Ces derniers jours, j'ai la sensation de retrouver mon corps, mon incarnation, mon ancrage.

Cela me fait beaucoup de bien.

Ici, la pluie a une odeur.

Celle de l'impossibilité de notre intimité

Et tout à la fois, de la chaleur profonde de nos retrouvailles

Certains jours, je la vois rose

Aujourd'hui, elle est pourpre

Une nuance tirant sur le bleu.

Hors de cet espace,

Tes yeux me sont présents

Ils ne me regardent pas

Ils ne font que pleurer

En cascade

Le long des parois du palais.

Ton être dégage une aura qui m'effraie,
m'attire et me bouleverse tout à la fois.

J'aime être en ton sein quand il pleut.

Je ne vois plus le ciel, brume glacée qui recouvre tout. Les larmes ruisselant sur les toits produisent une musique douce. Je me sens bien.

Je sais que je suis en toi, bien au chaud. Même si tout est petit, je suis protégée par tes remparts et tes habitations.

Je suis dans le berceau de ton silence et de ton âme.

En recherche de tendresse

Je te sens

Du haut de tes quarante ans

Tu attends

De revivre ce passé

Cette osmose

Cette peau

Que tu as tant chérie

Tu me touches.

Ce feu qui brûle entre mes jambes à
l'idée de te revoir

Me ramène à nos instants passés

Dans l'impossibilité de se toucher

Et l'urgence de nos désirs combinés.

Avignon, le désir de toi m'envahit.

La chaleur de ton soleil s'immisce petit à petit sur ma peau.

Tous les visages de mon désir surgissent, un par un.

Elle, Lui, Elle. Toi.

                    Te désirer me rend ivre.

J'ai faim de ton regard. Tu me touches avec tes yeux.

Je veux m'immiscer entre tes lèvres, glisser sur ta langue pour m'échouer dans ta gorge. Et descendre.
Descendre en toi.

Et qui sait, peut-être, rencontrer le mystère de ta voix.

Viens, on plonge à pleine bouche dans nos ventres pour trouver de l'amour.

Souvent, j'ai du mal à mettre des mots sur ce que je ressens pour toi. Je bride une partie de mes émotions, par peur de te faire fuir, par peur de ne plus être désirable à tes yeux. Dernièrement, je t'ai dit des choses, toi aussi. Cela n'a pas cassé notre lien.

Mon envie de dormir avec toi grandit de jour en jour. Mon envie de prendre le café avec toi le matin. Mon envie de toi dans ma bouche avant de dormir. M'empaler sur toi, à peine réveillés. Sentir ton odeur, être embaumée par toi. Je me sens bien, tout autour de toi. C'est juste, animal.

Je t'ai dans la peau.

« Moi – Je crois que ce que je cherche, avant la sexualité, c'est la tendresse.

Toi – J'ai plein de tendresse à t'offrir. »

Je suis moins venue sur le rocher

Depuis que je t'ai retrouvé

Sensation douce

De ne plus te chercher

De ne plus sentir le manque de toi

Et de tes yeux bleus qui m'éparpillent dans l'espace.

J'ai envie que tu m'invites encore une fois chez toi, et qu'on fasse l'amour.

J'ai envie de te voir

                                      J'ai envie de te voir

                    J'ai envie de te voir putain.

J'ai envie de toi

                          J'ai envie de voir tes yeux

Je veux

                                              Te voir.

Liquide, je deviens

Quand tu m'embrasses.

Je m'entends respirer. Je sens mon souffle qui monte et redescend en moi. Et quand ma respiration atteint mes lèvres, j'ai la sensation de goûter à ton odeur. Comme si tu faisais désormais partie de moi.

Ce petit bout de toi qui me bouleverse.

Quand je suis avec toi,

Chez toi, dans les rues d'Avignon,

Je me sens à ma place.

J'occupe le cœur d'un de tes spectres.

Dans cette chambre en pierres qui est la tienne,

J'ai la profonde sensation d'être à ma place.

Rien que d'y penser, cela me bouleverse. Une sensation de plénitude telle que je pourrais même envisager d'y dormir un jour avec toi.

Je récupère enfin les morceaux de moi que j'y avais laissé.

Je veux me déposer en toi.

Ta bouche

M'a racontée des histoires

Inconnues jusqu'alors

De mon corps

Des histoires qui pénètrent

Ma vulnérabilité la plus profonde

Et apaisent mes blessures les plus enfouies.

Pénètre-moi

J'ai envie de toi

Je pense à toi

Chaque soir avant de m'endormir

Je cherche la sensation

Cette sensation

De cette petite partie de moi

De toi

Qui m'empale, qui me prend

La foudre de tes coups de reins

Tout ça

Toute cette myriade de sensations

Tout ce paradis déchu

qui me brûle.

Ebranlée, je suis

Liquéfiée de désir.

Bouleversée par tes mouvements de reins

Absents, dans un ailleurs qui m'est inaccessible.

Ebranlée, j'ai été

Trempée de toi.

Ma main a plongé dans les marais de ta tristesse

Innommables et sans fin.

Branlé, je t'ai

Embrassé, j'ai voulu.

Caressé, et tant d'autres choses

Qui ne s'écrivent pas.

Si tu me laissais

T'expliquer avec autre chose que les mots

La connexion qui me lie à toi

Tu le serais toi aussi :

        Ebranlé.

Avignon,

Je suis sur la route pour aller jusqu'à toi.

Tu n'imagines pas comme je suis heureuse à l'idée d'être à nouveau dans tes bras.

Malgré nos aventures parfois difficiles,

Mon amour pour toi ne cesse de croître.

Je suis liée à toi. Pour toujours.

Mon amant

Lors de mes matinées humides

Je t'imagine rampant puis glissant

Jusqu'à moi délicatement

Un goût de fièvre dans la bouche

L'envie de toi

Ruisselle sur tous les pores de ma peau

Ma mer intérieure s'ouvre à ton endroit

T'accueillir

Je n'ai plus que cette pensée

Boire ton désir

Et que tu t'enlises dans le mien

Pénètre-moi doucement

Viens, je t'attends

Laisse-moi m'engouffrer dans tes yeux

Bleus comme l'océan de mon désir
pour toi.

La couleur de tes yeux dans mes yeux.

Hier, quand on s'embrassait goulûment sur ton lit

J'ai senti une nouvelle dimension de ta peau

Plus profonde et plus tendre

Et aussi, un regard que je n'avais jamais vu.

Un regard, presque nu.

Deux tâches bleues sur un canapé gris

Toi et moi

Comme en miroir

Mon pied se promène

                              Entre tes jambes

L'immensité de tes yeux ruisselle sur
tous les pores de ma peau.

Le Mont Ventoux s'est recouvert de neige

Ma peau de minuscules parties de toi

Immensité verte, orange et bleue

Le froid caresse mes mains dont sortent des mots

Si la Barthelasse était ma peau

Je t'accueillerais nuit et jour

Gorgée de tes abysses salés

Tu caresserais mes rives, sans cesse

Jusqu'à oublier les limites qui me bordent

Jusqu'à oublier que nous sommes deux

Et que nous sommes la nourriture l'un de l'autre.

Je t'en prie, inonde-moi.

Engloutis-moi

Dans tes profondeurs océaniques

Où je désire reposer à jamais.

Ta bouche est l'endroit où je veux mourir.

Être remplie de toi

Est un plaisir délicieux

Qui désormais me hante

Sentir chaque goutte de toi

Perler sur mon visage

J'ai envie que tu viennes des milliards de fois

M'emplir et me peindre de toi.

Tes doigts dans ma bouche qui luttent pour que mon âme reste à l'intérieur de moi.

Une vague d'amour,

De tendresse arrachée au néant

En plongeant dans les effluves de toi

Je crois entendre le craquement de mes pas

Dans ta chambre

Cette alcôve de désirs

Où nous nous sommes échoués l'un dans l'autre tant de fois

Au rythme de nos marées intérieures

De nos vagues de vies

De nos espaces traversés

Ne serait-ce que par toi, que par nous

Décrire ton odeur me ramène à tout cela

A cet infini de sensations impossibles à décrire

Merci de m'avoir accueillie dans ton océan.

M'allonger en toi

Comme dans un tombeau

J'attends la fin

De notre amour impossible

L'avortement de nos désirs

Les plus inavouables.

Avignon, tu me manques

Je veux à nouveau être entre tes remparts

Dans tes bras réconfortants

Retrouver l'abysse de nos désirs avortés

Emmène-moi loin

Aussi loin que le vent nous mènera

Aussi profond qu'une gorge puisse engloutir

Aussi sincère et éphémère qu'un sourire entre tes lèvres

Si j'avais pu, si tu m'en avais laissé le temps

Je t'aurais exploré avec ma langue

Dans les interstices les plus profonds
de ta peau

Remonté ton corps jusqu'à te boire à
même la source

                Si j'avais pu, je t'aurais bu.

Parfois j'aimerais à nouveau

Être la seule

Dans l'horizon de ta vie

Et les sillons de ta peau

J'aimerais être la seule langue

Qui t'entoure, t'aspire et t'étreint

J'aimerais que dansent nos désirs pour toujours

Et qu'aucune autre ne transforme le grain de ta peau

J'aimerais être l'unique bijou qui éclaire tes yeux

L'unique main qui te traverse.

J'aimerais voir ton visage et t'entendre jouir quand je ne suis pas là.

Place du palais toute humide, tu sens l'automne.

Pas d'oiseau qui danse autour de toi aujourd'hui.

Tu sens les arbres et le repos après l'orage. J'attrape la main de la vierge et la pose sur mon front.

J'ai laissé, là-bas, une petite part de moi, dans cet appartement aux volets fermés.

A moi de t'observer maintenant. Je ne veux pas descendre les escaliers.

J'ignore comment mais nous sommes unis par un lien qui nous dépasse.

Pleine de ton absence

J'étais pleine de toi. Et pourtant si vide.

Sur ton ventre lisse

Tes abysses se sont jetés

De ma main je t'ai tenu

Sans parvenir à te lâcher

De peur d'être emportée

Dans le néant de tes profondeurs lactées

Je t'ai accueilli tout entier dans ma bouche

Mais tu n'étais déjà plus là.

Je sais que notre histoire aura une fin.

Et pourtant, je veux continuer à voyager avec toi, à rire, à t'enlacer.

Je baigne dans l'odeur de tes draps roses et j'entrevois déjà le manque.

Tu m'as tant rempli de toi, et je le désire encore. Je veux continuer à faire l'amour avec toi. Je veux que ma langue continue de danser avec la tienne.

Je te désire encore. Je t'aime encore.

Remplis-moi de toi.

Encore s'il-te-plaît.

Reste.

Quand je traverse tous ces lieux avec toi

J'ai l'impression d'appartenir au passé, au présent et au futur

Je te vois vieillissant en train d'arroser tes tomates

Et je m'imagine petite, courir dans les bois du mont Ventoux.

Tous les lieux que tu me partages

Et qui t'ont vu grandir

Je les sens miens

J'ai l'impression que j'étais là, dans les ruelles médiévales de Brantes

J'avais peur la nuit des loirs avec toi

Et puis, j'entends aussi ce que tu ne me dis pas, ce que tu ne peux pas me formuler.

Dans tes bras en haut de cette colline

Mon cœur était rempli de tes fantômes

Et de l'infinie nostalgie, de ne pas les avoir partagé avec toi.

Eté 1998

Si le toi du passé et la moi du présent
s'étaient rencontrés

Je t'aurais attendu toutes les nuits

Sous la sueur des draps bleus

Dans ta chambre de Beauvoisin

Mes lèvres fiévreuses n'aspireraient
qu'à t'embrasser

A t'inviter en moi, dans la chaleur
ardente de l'été

Dans ce silence que seules les cigales
brisent

Tu t'écraserais contre mes reins

D'une passion dévorante pour toi je serais animée

Pour tes mains, pour ta peau bronzée et tes yeux azur

Pour ta bouche avide d'expérience et de tendresse

Pour ton sexe gonflé de manque

J'aurais voulu te rencontrer

A ce moment-là de ta vie

Où tu étais insouciant, toi aussi

Ces années où l'été n'était pas étouffant mais enivrant

Je me serais enveloppée tout autour de toi

De la fenêtre on aurait vue sur la Provence

Et tu aurais joui des fleurs dans ma bouche

De partout, à l'intérieur de mon petit corps

Mes yeux n'auraient souvenir que de ton envie

Et de la lune caressant nos peaux humides

Je me serais abandonnée à toi

Dans tous les possibles de cette maison

Dans cette piscine à la couleur de ton regard

Je t'aurais aimé

D'un amour adolescent

D'un désir incandescent

Mais, malheureusement, cette année-là,
                 je n'avais que quatre ans.

Avec toi, je suis adulte, je suis femme, je suis enfant. J'ai tous les âges en même temps.

J'aime tant cette intense lumière grise qui me cherche entre les nuages. Tu te répands sur les pierres avignonnaises, comme hier soir sur ma peau.

Ton odeur particulière d'homme caresse mon nez et s'invite dans mes abysses. Tu me laisses des petites tâches de toi, des choses que l'on ne met pas en mots, des histoires qui ne se vivent que par le corps.

Tu me traverses. Je me sens traversée par toi, comme la lumière automnale dans le ciel avignonnais.

Parfois, tu m'offres un petit rayon de toi, porté par ton regard bleu comme la mer.

Puis tu t'assombris à nouveau, tu te replis dans tes profondeurs nuageuses et fluctuantes, sans savoir ni où ni quand j'aurais l'occasion de te revoir.

En attendant, je regarde les pierres, et ce lit violet, je laisse les effluves de toi me caresser.

Je pense à tes mots, je me laisse traversée par le désir que tu avais de me pénétrer ce matin, j'imagine ce que cela aurait pu être. Et je trouve en cet instant de solitude, l'intensité et la tendresse que nos sexes auraient éprouvé en s'embrassant.

Tu me traverses beaucoup.

J'ai envie d'accepter que ma relation avec toi change. Si je ne l'accepte pas, j'en serais très malheureuse. Je le sais.

Dimanche, quand tu m'as pris la main dans la voiture

Quand je t'ai parlé de mon père

Quand nous attendions nos crêpes au chocolat

Quand j'ai sauté du rocher à Fontaine et que tu m'as rattrapée comme une enfant

Quand tu me tenais la main

Quand tu m'as pénétrée avec fougue sur ton lit

Ton abandon dans mes bras quand tu as joui

Ma main caressant ta nuque

Tous ces petits moments où nous nous sommes offerts l'un à l'autre, dans notre vulnérabilité

Merci.

Quand tu tiens ma nuque,

Je sens le monde qui m'enlace.

    J'ai envie de te dire que je t'aime.

Il y a quelque chose de toi

Que tu ne me donnes pas

Bien que je l'entrevoie par brefs instants

Comme hier soir dans ta chambre

Ces moments où tu m'embrasses,

Tu me prends et je sens la chaleur

De cette couche profonde de toi-même

Ta peau que tu m'offres

J'aime ces instants.

                Tu me donnes envie d'aimer.

Je profite du moment présent.

Ma relation avec toi évoluera, nous le savons. Mais nous savons aussi qu'un lien fort et profond nous unit. En celui-ci, j'ai confiance.

J'ai confiance en le fait que tu sois là pour moi et que tu ne me laisses pas dans le vide et le silence. J'ai confiance en notre lien.

J'accueille la beauté et l'intensité de nos moments, chaque seconde, chaque instant est précieux.

Je ne veux plus penser à une quelconque tentative de définition de ce que nous partageons, ni d'anticipation de ce qui pourrait arriver. Nous l'ignorons tout simplement.

Alors vivons.

Tout là-haut

Au sommet de la forêt de cèdres

Nous avons parlé de nous

Et j'ai compris certaines choses de toi

Que j'entrevoyais avant

Mais que tu m'offres au présent avec toutes tes vulnérabilités

Ce moment où nous étions face à cette vue sur le Lubéron

Tu me prenais par la taille

Tes mains tendres et chaudes sur mon ventre

Et là, j'ai senti.

Ce qui m'a traversée à ce moment-là ne s'écrit pas.

Une intuition d'immensité me traversa.

Je me blottis contre toi comme une enfant.

Et je savourais la préciosité de notre instant d'éternité.

Toutes ces choses que l'on ne se dit
pas mais que la vie nous confesse.

Je veux te les donner

un milliard de fois.

Hier, tes yeux m'ont encore livrés

Des nuances que je ne connaissais pas

Cette rencontre sans cesse renouvelée

M'apporte un bonheur indescriptible.

Twoje

                Niebieskie

                                Oczy *

* *« Tes yeux bleus », en polonais.*

« Si je pouvais sortir avec toi, et avec elle, je serais le plus heureux des hommes. »

« J'apprends, chaque semaine, avec toi. »

« Bien sûr que tu auras toujours ton oreiller, juste pour toi. »

« Je ne veux pas te quitter et encore moins t'abandonner. »

« Avignon serait triste sans toi. »

Tous ces petits mots étranges

Qui sortent de ta bouche

Je les sens loin de moi

Loin de nous, de notre réalité

Au bord de tes lèvres, j'entends toutes les choses que tu souhaiterais partager avec moi

Sur les miennes, il y a notre vie ensemble

Entre nous, ce grand gouffre.

L'odeur et le goût de la pluie ce soir-là dans ton appartement. Nos valises pleines de nos souvenirs de montagne.

S'emboîter à crever. Nos petites morts au creux de nos ventres.

L'engagement que l'on s'est promis au restaurant de sushis. Ton regard à ce moment-là. Celui que je n'ai pas osé regarder dans la montagne deux jours auparavant, quand on s'est rattrapé.

L'orage derrière toi, au-dessus des toits de la rue du Vieux Sextier.

Le torrent de mes larmes sur ton visage et tes vêtements. Tes doigts qui attrapent le bout des miens.

Tu es beau. Je t'aime. Prends-moi.

Parle-moi en toi. Coule-moi dans tes yeux à la couleur d'un ciel d'automne.

Je veux mourir sur ta peau. Je veux renaître en elle et déposer la particule éternelle de l'amour dans d'autres femmes après moi.

Je t'aime. Tu es beau. Je t'aime.

Est-ce que j'ai existé pour toi ?

Tu me manques. Tu m'emmerdes. J'ai l'impression de me voir quand je te vois. J'ai l'impression d'être là-bas, très loin, très bas au fond de toi.

Tu me manques. Tu m'étouffes.

Laisse-moi respirer.

Disparais de ma vie.

L'image de ton sourire me hante.

Je veux te boire. Boire jusqu'à la
dernière goutte l'océan qu'il y a en toi.

                                      Va te faire foutre.

Je suis perdue.

                         Notre amour me perd.

Je suis au soleil, face au mont Ventoux.
Une partie de moi est délogée de moi-
même. Mais une autre reste ancrée.

Parce que j'ai choisi de venir ici. J'ai
choisi cette région. Au-delà de notre
lien, mon amour pour Avignon
perdure.

Où sont passés nos paradis perdus ?

Tu me manques et je n'en peux plus de toi.

« Je me suis rendu compte que cela faisait longtemps que tu n'étais pas venue à la maison, parce que je ne retrouvais plus tes cheveux. »

Le soleil bave sur le rocher des Doms

Sa mystérieuse lumière se déverse sur mon visage

Mes yeux sont des joyaux

Et mon cœur un endroit clos

Je rêve d'un océan solaire entre nous

Une immensité qui nous noierait

Dans l'abîme du pardon et de la guérison

Au pied du palais

Je m'accorde un bain de soleil

Le corps en extase

Loin de toute trace de toi.

J'ai peur qu'elle te manque davantage
que je te manquerais.

Je sens que tu ne peux pas me donner

    Ce que je veux vraiment

    Et suis effrayée à l'idée que tu lui
donnes à elle.

Malgré toutes les belles perspectives
qui nous restent

Ton corps me hante chaque fois que je
                    suis seule dans mon lit.

Ton odeur m'accueille et m'embaume

De mes mains, je laisse des traces de nous

Dans le cœur palpitant de tes parfums

Eprise de ta volupté,

Je rêve de mes lèvres qui t'enserrent

Doucement et lentement de haut en bas

En une dernière étreinte

Désormais nos langues ne danseront plus ensemble

Elles restent prisonnières dans la chaleur humide de nos fantasmes

Seule cette union odorante demeure

En toi, je veux déposer mes souvenirs.

Quand je repense au moment où nous
nous sommes quittés

Je vois ses yeux à elle

Disparaître dans le néant.

Ta manière de m'aimer me vide.

                              Casse-toi de ma vie putain.

Avignon, notre bonheur me manque.

Moi je t'aime, toute l'année. Même quand il n'y a plus personne et qu'il fait sombre dès six heures du soir. Quand tous les magasins ferment parce qu'hors festival, tout s'endort. Tout le monde fout le camp.

Je t'aime quand tu es triste, quand tu pleures tous les jours de novembre. J'aime marcher dans tes flaques en haut du rocher des Doms, regarder ta prison. Tes prisons. Toutes les fenêtres qui ne sont pas éclairées le soir. Tous les appartements sales et humides. Tous les silences. Les façades non entretenues. Les pavés pleins de mousse. La façade triste des Halles sur laquelle on devine autrefois des fleurs en abondance.

Je t'aime. Je t'aime même quand plus personne ne te regarde ou ne te rend visite. Ne te consomme.

Chaque semaine, je vais en haut du rocher pour faire coucou aux bateaux. J'ai toujours une pensée émue quand je vois le restaurant là-bas, de l'autre côté, isolé et sans client.

Je t'aime inconditionnellement.

Cela ne fait que deux semaines que je n'ai plus rien de toi.

Je commence à te sentir loin.

Alors qu'il suffirait que je marche dix minutes pour te retrouver.

Au pied du palais, le soleil bavant dans ton appartement et sur nos corps, frappés de manque.

Ta peau me manque.

Mon réconfort en cet instant

Est de me dire que quelques mètres plus loin

C'est le même soleil brûlant qui te touche.

Depuis que nous ne dormons plus ensemble, une partie de mes rêves s'est envolée.

J'aimerais pouvoir toucher ton corps à travers le sable. Et te sentir disparaître sous mes doigts.

                    Je veux te laisser partir.

Le vide laissé par toi

M'enfouit en moi-même.

Laisse partir.

Ne retiens plus.

Ne t'épuise plus à retenir.

Je vais mourir bientôt.

J'ai peur que tu m'oublies.

T'expliquer avec des mots de ce monde

> Que tu es parti de moi en
> m'emportant *

* Inspiré d'un poème d'Alejandra
Pizarnik, dans son ouvrage *Arbre de Diane*

C'est enfin fini.

Et soudain, de manière inattendue et inespérée,

je retrouve des images de toi, de nous, d'avant.

Des fois

Quand je marche

Dans la rue le soir

J'espère encore te voir.

Somptueux rocher, je te retrouve en cette chaleur printanière. Ton soleil m'étreint dans le dos, m'embrasse, m'embaume. Je me sens bien dans tes bras. Je me sens là où j'ai à être, dans cet instant présent.

Merci pour la vie qui grandit autour et à l'intérieur de moi.

Que j'aime cette île. Que j'aime cette vie.

Ma vie qui m'emmène auprès de toi. Tous les Toi.

Parfois, j'ai envie de te croiser et que l'on discute un moment. Juste toi et moi, dans la simplicité et l'écoute.

Je rêve que tu me demandes pardon et d'avoir envie d'être dans tes bras. Je rêve d'une étreinte vraie et authentique, sans séduction ni sexualité. Un véritable accueil, tendre et profond.

Je rêve que l'on se croise, comme ça, sous la chaleur du soleil avignonnais et la douce odeur des fleurs du rocher des Doms.

Je rêve toute seule. De toi. De ça. De nous.

Penses-tu qu'un jour nous nous retrouverons tous les trois ?

Mon corps est encore pétri des
parfums de ta vie.

Il y aura donc encore des moments
comme ceux-ci, où tu me manques.

Oser écrire, c'est plonger dans les fonds océaniques et accepter qu'on n'y trouvera peut-être, aucune lumière.

Je me souviendrais toujours de cette phrase lors de notre premier petit déjeuner ensemble et de ton regard à ce moment-là.

« Cela fait du bien d'avoir quelqu'un dans sa vie »

Postface

    Les Remparts du Dedans font référence aux illusions dans lesquelles j'étais à cette période de ma vie. L'illusion de devoir plaire pour être aimée, ou encore que le fait d'avoir plusieurs partenaires me rendrait plus heureuse, avoir de multiples expériences sexuelles me permettrait « de me connaître profondément ». Ce n'est qu'à l'aube de mes trente ans que j'ai compris... J'ai saisi le piège, mais aussi les dettes émotionnelles, relationnelles et corporelles que ces expériences m'ont coûtés.

Placer l'exploration sexuelle et affective au cœur de ma vie m'a fait du mal, et certainement en ai-je fait aux autres aussi, malgré toute ma bonne volonté. Cela ne m'a pas apporté que du mauvais bien entendu. J'ai beaucoup appris. Mais c'est comme approcher sa main du feu, si l'on se trouve à une distance raisonnable, on profite de sa chaleur, si l'on va trop loin, on se brûle. Quand on est dans l'ignorance, il n'y a parfois que l'expérience qui nous amène à la lumière de la conscience...

Mes illusions étaient nourries par un besoin de me sentir vivre, de ressentir des émotions fortes, d'éprouver les limites de mon corps et de ma psyché. Je me cherchais en tant que femme tout simplement. En tant que femme ayant subi des violences sexuelles, et ce, dès tôt dans sa vie.

J'étais une femme naïve, - très naïve - et fleur bleue. Les portes de la sexualité m'ont amenée à découvrir mes ombres et il faut croire que j'avais besoin de plonger dedans. Pour les dépasser, pour les regarder, vraiment, pas juste comme cela m'arrange, regarder mon histoire dans les yeux. Mon histoire personnelle mais aussi celle de ma famille, plus largement de notre humanité.

En relisant mes textes avec quelques années de recul, je me rends compte à quel point la mort avait une place importante dans mon expérience de la sexualité. Je cherchais l'exaltation à son summum, jusqu'à disparaître, jusqu'à exploser en mille morceaux. Je voulais être hors de moi-même pour savoir où je me situais véritablement. Je me suis perdue.

Mais heureusement, ce sont toutes ces expériences - notamment en passant par celles du dégoût et du rejet - qui m'ont ramené à la saveur profonde de la confiance. La confiance en mes ressentis, en mes intuitions, en la boussole divine de mon corps.
J'ai fini par comprendre que je n'avais pas besoin de disparaître pour être qui j'étais. C'était même tout l'inverse. C'est en dedans, dans mon cœur que réside la vraie sécurité, le vrai Amour.

Les Remparts du Dedans expriment que ma prison était avant tout intérieure et que ce qui se manifestait à l'extérieur, dans mon environnement, dans mes relations n'étaient que le reflet d'un manque de reliance à l'Amour profond. Avec qui j'étais vraiment. Avec mon âme.

En étant unifiée à l'intérieur de moi, je pouvais désormais cultiver de l'harmonie dans mon environnement affectif. J'ai pu sortir de la dissonance et du chaos - qui m'avaient menée à des expériences de rupture difficiles.

A l'époque, je me suis tournée vers le polyamour, à la fois pour de belles raisons (que je vis encore aujourd'hui), mais aussi des enjeux plus inconscients comme celui-ci : je devais sortir de l'emprise de ma relation socle avec qui j'habitais et étais engagée à l'époque.

La rencontre de cette personne, dont je parle dans ce livre, fut une porte de sortie. Je n'en avais absolument pas conscience bien sûr, et je ne peux pas non plus dire qu'il ne s'agissait que de cela, car ce serait mentir. J'avais une histoire à vivre avec cet homme, et cela se présenta à ce moment-là.

Aujourd'hui, je n'ai plus à prouver aux autres la femme que je suis, en particulier aux hommes. Je sais que je peux être aimée pour ce que je suis vraiment et non pas pour le petit trophée que je représente aux yeux de certains. Je ne suis plus une femme objet. On ne visite pas mon temple intérieur, mon corps si on est paré d'intentions de possession, de destruction, si le désir devient l'instrument de vampirisation de mon énergie, en vue de me déposséder de moi-même.

Je ne me laisse plus séduire par les expériences - en apparence - hautement sensationnelles, par la souffrance et l'illusion qu'auprès d'elles, « je me sentirais vivre ». Je n'ai pas besoin d'être remplie. Un océan d'Amour infini coule en moi, comme en nous toutes et tous.

Aujourd'hui, quand je fais l'amour, je ne cherche plus à disparaître mais je suis dans la création, dans la vie et dans la connexion profonde avec mon ou ma partenaire.

Aujourd'hui, je n'ai plus de remparts en dedans, mais des soleils.

Laureana Alycja

Laureana Alycja a plusieurs activités professionnelles, celle de réalisatrice de podcast, d'écrivaine et de psychothérapeute.

Psychothérapie

Diplômée en psychologie, philosophie et sexothérapie à l'université, Laureana Alycja accompagne des personnes (en individuel ou en couple) autour de leurs transformations personnelles et relationnelles.

Pour plus d'informations, consultez le site internet : amoursplurielles.com

Le podcast Amours Plurielles

Créé en 2019 et représentant une vingtaine d'épisodes, le podcast Amours Plurielles détient aujourd'hui plus de 550 000 écoutes. Il a pour but de faire entendre des personnes vivant les relations non-monogames au travers de thèmes divers et variés comme la gestion des émotions, la découverte du polyamour, la rencontre des métamours ou encore la coparentalité.

Le podcast Amours Plurielles est disponible sur toutes les plateformes d'écoute et sur le site internet : amoursplurielles.com

La bande dessinée « Amours Plurielles » parue aux éditions Leduc

« Ce n'est pas toujours simple le poly, je suis entraînée dans des vagues émotionnelles fortes et une myriade de contradictions. Mais que c'est bon d'aimer plusieurs personnes et de s'apporter autant les un·es les autres… Je me sens vivre. »

Au travers d'un univers onirique laissant la place à l'expression du langage des sentiments, Laureana Alycja nous raconte une expérience polyamoureuse, avec ses richesses et sa complexité.

Une histoire qui nous amène à nous interroger sur la déconstruction de l'amour romantique et de l'hétéronormativité, portée par les illustrations poétiques d'Héléna Coussy.

Remerciements

Merci à Pascale pour ton accompagnement éditorial autour de ce livre. Merci plus globalement d'être la si belle personne que tu es. Te connaître est un honneur, une inspiration et une immense joie.

Merci à ma grande amie Alice, à qui j'ai partagé en premier le titre de ce livre, il y a tant d'années déjà. Nous sommes loin géographiquement mais tu demeures là, tout près de mon cœur.

Merci à Rosaline, pour tes encouragements et ton enthousiasme, c'est grâce à toi que j'ai trouvé la force de franchir le pas de la publication. Merci pour ta présence rayonnante dans ma vie.

Merci à ma mère. Tu as toujours, comme tu as pu mais surtout avec la délicatesse et la douceur d'une maman, porté un œil bienveillant et juste sur mes expériences. Tu n'as jamais voulu me contrôler mais au contraire m'accompagner vers ma réalisation profonde. C'était difficile pour toi, je le sais, car il est si compliqué de voir son enfant souffrir et sombrer dans des illusions. Je te comprends mieux aujourd'hui et je te remercie. Merci de m'avoir toujours enseigné la voie de l'Amour, depuis que je suis née.

Merci à Marty, pour ta main tendue lorsque j'ai franchi le pas au-delà de mes remparts. Tu étais là, tout près. Le soleil est revenu en moi à ton contact.

Merci à toi, qui es dans ce livre, je sais que tu te reconnaîtras.